JN440726

그림자를 새기다

그림자를 새기다

초판 1쇄 발행 2022년 9월 16일

지은이 윤주희

펴낸이 임병천
펴낸곳 책나무출판사
출판신고 2004년 4월 22일 (제318-00034)

주소 서울시 영등포구 신길3동 325-70 3F
전화 02-338-1228 **팩스** 0505-866-8254
홈페이지 www.booktree.info

ISBN 978-89-6339-687-3 03810

*한국예술인복지재단의 창작지원금을 받아 발간되었습니다.

그림자를 새기다

윤주희 시집

책나무출판사

시인의 말

노을 진 들녘에
오도카니
가을에 젖은 여자

들국화 피우기 전
내 열정
동그만 둥지 틀었지

활짝 핀 들국화
한 아름 꺾어
당신께 바치고 싶어

간절한 소망 하나
손수 다린 차 한잔
건네고 싶네

2022년 초가을
윤주희

목차

1부

2부

3부

4부

1부

초대

제 곡조를 울리지 못한
낙엽의 사연들
허공에서
메아리가 되었다
그리움의 향기
짙어만 간다
나뭇가지에
상념의 흔적이 매달려
바람에 흔들리고
단풍잎 되어 흔들린다
추억이 나풀거린다
억새들 무도장엔
뭇 생명의 숨소리가
떠들썩하겠다
억새의 울음 흐드러진
강변으로 초댈 하고 싶다
제 곡조를 울리는 늦가을
선율의 숱한
떨림이 있어야겠지

나팔꽃

뜰 앞 작은 정원수를 따라
보금자리 꾸몄던 그녀는
비 내리던 어느 날
가슴 가득 순백의 꿈을 안고
작은 소망을 활짝 터트렸습니다
마지막 여름의 따가운 눈빛을
소박한 가슴으로 융해하여
마치 웨딩드레스 입은 새 신부처럼
다소곳이 얼굴 붉히니
진주보다 고운 아침 이슬이 또르르
깜찍한 재롱을 피웁니다

목숨인들 무엇이 아까우리

날마다 날 죽여 안식을 얻는 삶
조건 없이 다 줄 수 있을 것 같은데
삶의 중심을 어디다 두어야 하는지
영원한 사랑이 없듯 영원한 삶도 없겠지
벼가 익으면 고개 숙이고
열매도 익으면 저절로 떨어지듯이
우리네 삶도
언젠가 그 명이 다하겠지
그래!
하루하루 날 죽여
새로운 삶의 지렛대가 된다면
목숨인들 무엇이 아까우리

장유사 계곡

해가 솟으면
물목마다 숲 향이 내려앉아
감성의 물살이 물밀 듯하다
골짜기마다 트이는 봄의 소리
새잎을 돋게 하는 봄비가 내린다
진달래 지고 벚꽃이 피면
깃털보다 가벼운 몸짓으로
나비가 허공을 자맥질하듯
뭇 생명은 일제히 숨을 쉬며
제 그림자를 새긴다
장유사 계곡
언제 가도 엄마 품처럼 포근하다
꽃기운이 자욱하다
시간을 뒤적이며
사방에서 쏟아 놓는
꽃의 몸부림
바람에 꽃 지니 사람도 지고 없네

용주사

양산 태고의 신비를 간직한
신이 빚은 천성산 골짜기
사시사철 산새들의 노래 울리고
아름드리 소나무 군락 이루어
그 푸르름이 하늘에 닿는 곳
뒹구는 낙엽 스산하지만
대웅전 처마 끝 풍경 소리
심금을 울린다
길 가던 나그네 발길 멈추고
울창한 계곡에 여장을 풀어
가슴에 쌓아둔 수많은 사연
부처님 전 향 사르니
세파의 묵은 때 다 씻겼네

노을

등성마루
끄트머리에
불 댕기 달고

하늘을
전쟁터 삼은
노을

누구를
원망하다
불덩어리 삼켰는지

승자도 없는
암흑천지에
침묵만 고요하네

상사화

애달픔을 곱씹으며
홀로 핀 꽃이 있다
꽃에선 날마다
고혹한 향기가 났다
그 꽃은 한없이 깊은
뿌리를 원했지만
잎과 꽃이 만날 수 없는
상사화로 피었다
한 生이 참으로 속절없다

하심(下心)

아스라이
새벽을 부르는데
홀연 목탁 소리 울린다
문득 깨달음 하나!
살면서 느닷없이
불어닥치는 불행도
기꺼이 맞아들여
삶을 비관하지 않고
운명을 저주하지 않으며
내 탓으로 돌린다면
피안(彼岸)의 길은
멀지 않으리라

배롱꽃

냉가슴
활화산 되면
속! 시원할 줄 알았지
가슴 한편
매달린
번뇌 덩어리
그 번뇌 덩어리에
싹이 트면
또다시 배롱꽃이 될까

비의 메아리

비의 메아리가 돌아나간 허공에는
어둠의 그림자만 꽉 들어차
누르면 팍하고 터질 것 같다
혼몽에서 깨어나니
빗소리는 다시 제 곡조를 울린다
비릿한 마음은
홀로 시가 되려 한다
비의 역마살
오슬오슬 가슴팍에 소름 꽃피우며
긴 여운의 메아리를 남긴다

계절의 행간을 읽는다

계절의 행간을 읽는다
담쟁이가 갓 맑은 초록빛으로
희붐한 새벽 고요를 흔들더니
가을에 접어들자
욕망과 집착을 내려놓고
새털처럼 가벼운 소멸을 꿈꾸란다
어둠살을 모아 화려하게 피었던
가시연꽃도 헛헛함을 부추긴다
해를 품던 해바라기가
폭 꼬꾸라지고
들꽃들은 속울음을 들켰다
저만치 가을 전령들이
뒤꿈치를 한껏 치켜든다
시간의 흐름을 외면하고 싶다
계절마다 독특한 희망을 품었기에
자유로운 영혼을 갈망한다
세월의 속도는 가차 없다

산경(山景)

빗줄기를 휘감는 신어산
여백의 길을 따랐다
나목의 결이 빛나는
비안개 속 수묵화

빗물이 산 기운을 다스려
파동을 일으킨다
절기를 못 속이는
갈림길의 내밀한 성장통

빗속 운치 있는 산경
젖은 낙엽들
그 흔적을 남기지 않으려고
비상을 꿈꾼다

수호천사

늘 샘솟는 생명수처럼
환한 웃음 그려주는 당신은
내 삶의 수호천사

소곤소곤 스며드는 밀어
강한 빗줄기 따라
빗방울 연가를 불러봅니다

아리잠직한 내 모습
날마다 잘 보이고 싶어
쉴 새 없이 쿵쾅쿵쾅

솔숲에 잠이 들고

청학동 삼성궁 가는 길,
철쭉이 계절의 비색을 탐한다
마음 모두고 바라다본 하늘 한가운데 낮달이 처연하다
휘파람새 도도하게 목청 높여 삼성궁의 신령을 깨우니
사뿐 걸음이 산들바람에 미끄럼을 탄다
왕벚꽃이 요절을 꿈꾸다 때아닌 열기에 화들짝,
얼굴에 때깔 좋은 분칠을 시작했다
흔들바람에 댓잎이 파르르 파르르
대숲에 낮잠 든 미물들을 깨우고
솔숲에서 고요를 꿈꾸다 발걸음 소리에 놀라
도망가는 산 다람쥐 부부에게 안내 표지판의
배달길과 순례길을 보고 이름 지었다
배달아, 순례야!
들었는지 못 들었는지 두 귀 쫑긋이며
앞발 모두어 싹싹 비비다 쏜살같이 도망가며
깊숙한 구멍으로 숨어든다
녀석들, 지들을 헤치려는 포수로 알았는지
살고자 하는 강한 욕망이었을까

산 다람쥐

산 다람쥐에게서 삶이 열리는 소리가
귓가에 쟁쟁인다
함께하지 않아도 이름만 불러줘도 생기는 환희심
무욕의 계절이 어찌 달갑지 않으리오
낙화풍에 대자연의 품속을 파고드니
상처로 짓무른 육신에서
엔도르핀이 생성되는 소리
계곡물 흐르는 소리처럼 콸콸거린다
빛고을을 마주하고
꽃 피는 소리에 귀 기울이며
닫아둔 내 마음의 묵정밭에
이야기꽃을 피우니
이 어찌 무릉도원이 따로 있으랴
내 마음이 가는 곳에 믿음이 있어
보랏빛 멍울에도 웃음꽃이 만발한다

기별

동백나무 가지 끝에서
미세한 흔들림이 감지되고
새가 재잘거린다
내 귀가 뻥 뚫렸다
엄마와 영원한 이별 후
눈 가리고 귀 막고 입 닫고
조용히 살고 싶었다

내 속엔 뾰족뾰족 생채기가 돋아났다
시간마다 속을 훑는다
엄마 목소리 새소리처럼 듣고 싶다
문드러진 내 속의 모서리를 깎아내는 중
새봄이 왔다는 기별이다
음력 1월 22일 첫 기일, 홍매화 꽃망울이
어서어서 팡팡 터지길

미련

꾸정꾸정한 성미를 탓하며
내일은 또 다른 내일의
간절한 소망으로
삶의 골마지에 원망 없이
희망을 걸었는데
끈끈한 게 정이라
끈치톱으로 댕강댕강
자를 수만 있다면
차라리 속이라도 편할 것을

장미의 눈물

색색의 장미가 꽃몸을 풀었다,
모두 날 보며 아름답다 하네요
내 볼을 어루만져 생성된
발그스레한 미소에
눈길이 머물 때마다
고이 간직했던
순결의 향기 품어내며
그들의 발길을 붙들었어요
환희의 물결로 출렁이는
젊음은 진정 눈부셨지요
유혹의 손길이
시간의 수레를 굴릴수록
더 집요한 공세를 퍼붓네요
마음속에 하나둘 돌출된 가시는
앙칼진 목소리를 질렀지요
목마름에 아무도 찾지 않는
울타리만 맴돌고 싶네요

목련

하얀 목련꽃 활짝 피어
몽환적이다
샛바람의 목소리에 슬픔이 묻었다
밤새 약탈당한 초라한 몸짓에
주름진 허기가 꿈틀거린다

마치 허공에 걸린 그림 같았는데
마음의 결이 곤두서며
어둑발이 내린다
익숙한 것들과의 이별은 애달프다

기억의 뜨락에는
하얀 목련꽃처럼 애절한 사랑이
꽃봉오리처럼 부풀고 있다
기억은 시간이 흐르며 사라질
그 어떤 흔적을 남길까?

삼월의 비

삼월의 비가 흐른다

봄비 내리는 소리에
새싹들이 곰실곰실
빗방울의 속삭임을 듣는다

나목엔 꽃눈이 맺혔다
자연 생명의 물을 들이켜며
제 그림자를 계속 새긴다

빗소리에 적막이 흩어지니
암각화가 된 이별이 선명하다
기억하기 싫은 삼월이다

아프면 아픈 대로
그리우면 그리운 대로 놓아두련다
산란의 빗소리가 멈추었다

2부

열애

열렬히 사모하지만
만개하지 못해 달구어진 심장에
전신의 촉각이 뜸질을 해댄다

뚜렷한 기억 화장걸음*으로 다가와
살포시 안아 프리지어 향 전해주니
붉어진 얼굴 피어난 미소

달도 차면 기울듯 꽃이 지는 서러움
그대는 알고 계시나요?
달맞이꽃 임 마중을

*화장걸음: 팔을 벌리고 뚜벅뚜벅 걷는 걸음.

봄이 왔습니다

종다리 찾아와
온종일 지지배배
내 마음의 뜨락에 봄이 왔습니다

부푼 희망을 안고
보금자리 찾아
구름 위를 동동거립니다

동그란 귀걸이
진달래색 립스틱
초록 마스카라

화사한 옷 걸쳐 입고
설레는 가슴으로
봄 찾아 바람처럼 날아갑니다

참사랑

당신의 자애로움
펑펑 솟아나니
무한한 사랑입니다

황량한 벌판에 단비처럼
조건 없이 퍼붓는
운명적 사랑입니다

벌과 나비 되어
달콤한 향기 찾아
날마다 춤을 춥니다

험한 이 세상
환하게 밝히는
사랑의 등불이 되겠습니다

뒤안길

모진 마음 다독이며
일 년이란 강을 건너
봄은 다시 찾아왔건만
똬리 틀었던 앙금
비수 되어 담금질하니
눈시울을 적시네요
통한의 세월
그 뒤안길을
하염없이 허적입니다

정열의 꽃

화려한 봄의 축제
예민해진 촉각에
대광란을 꿈꾸니
야릇한 춘사(春思)
마디마디 꺾어지네

요염한 불씨 활활 타올라
요람 속 불꽃
홍등 아래 수놓으며
흐드러진 춘정(春情)
정열의 꽃 피었네

어여쁜 천사

분홍빛 그리움
몽실몽실 피어올라
잠자리 날개 같은
하늘거리는 옷을 입고
마음껏 날지 못한다 해도
마음은 비단결 같은 어여쁜 천사
꾀꼬리 닮은 청아한 목소리로
날마다 부르는 사랑 노래
행복은 분홍빛 그리움!

임 마중

자목련 만개하여
북쪽으로 향하니
임 계신 곳 남쪽인데
임 향한 일편단심
이 내 맘 모르시니
참 무정도 하시네요
개나리가 방긋방긋
벚꽃이 생글뱅글
꽃바람에 팔랑팔랑
임 마중을 나갔지요

요화(妖花)

연분홍 진달래꽃
요화(妖花) 중에
절세가인 으뜸일세

화로수 분단장에
비단결 고운 내 임
어화둥둥 상사디야

춘풍화기(春風和氣)*
나그네도 흥에 겨워
시를 읊조리네

*춘풍화기: 봄날의 화창한 기운.

가랑비에 젖어

가랑비에
봄이 무르익는 소리
가만히 귀 기울였습니다

새들의 지저귐 숲을 흔들고
배시시 얼굴 내밀은
연분홍 철쭉에 반했습니다

만개한 아픔에
칭얼거리며
포근하게 안아 달라 보챕니다

자목련 우아한 자태
목을 길게 세우고
상사곡(相思曲) 읊조립니다

믿음의 씨알

믿음의 씨알 하나
속내 깊이 심어 두며

소망의 햇살 가득 안고
사랑의 거름 솔솔 뿌리니

싹을 틔워 무럭무럭
희망의 열매 주렁주렁

행복 향기 풀풀거려
환희의 물결로 출렁이네

무심(無心)
- 봄

그렁게 더디 오시나요
얼마나 기다렸는지
무심도 죄랍니다
속내 타는 소리
정녕 못 들으셨나요
아주 잘 말라 타닥타닥
불기둥이 솟았습니다
활활 타는 불
어이 끄시려나요?

모정

날카로움에
배은을 당해도
숭고한 삶 일깨우시고
희생적인 삶에도
함박웃음 지으시니
그윽한 향기 휘날리며
세상에 유일한 존재로
희망을 속삭여줍니다

천상의 친구에게

불면에 시달리면
구노의 세레나데에 젖어
너를 그린다
눈이 동그랗고 참으로 예뻤다
집게손가락으로 원을 그리며
몇 센티인지 손마디로 재어보고
나 예쁘니? 하고 몇 번을 물었었지
촛불을 켜고, 갈대가 우거진 강가에
붉은 지붕 통유리 창의 그 찻집
지금도 선하게 떠오르는데
목메어 불러도 메아리가 없구나

프리지어 사랑

봄이 되면
유달리 프리지어를
좋아하는 나에게
당신은 함박웃음 지으며
한 아름을 건넸지요
프리지어의 꽃말을 아십니까
우연의 일치였나요?
안개꽃에 쌓여 있는 프리지어
내 마음 같겠지요

러브체인

러브체인 줄기
싱싱하게 쭉쭉
줄기 식물 잘 뻗어나가면
사랑이 깊어진대요

당신과 함께
날이면 날마다 추락을 모르는
꿈의 나래 펴고 한없이
한없이 날 거예요

질투

싸늘한 눈초리
야멸찬 태도
앙칼진 목소리

마구 지져대는 화상(畵像)
독기 어린 비수로
도려내어도

똬리 틀어 뜨뜻미지근
독화살 마구 쏘아대며
한껍에 몰살시킨다

소나무

을숙도 석양에
불꽃 된 소나무
노을에 취한
흰 갈매기
현란한 춤사위

오매불망(寤寐不忘)
흠뻑 젖은
내 마음처럼
하늘에
상사일념(相思一念)
붉은 상사화

기탄없이
흘러가는
신기루 같은 삶
진종일 홍뚱항뚱
안식을 갈망한다

화두

먹장구름 몰려와
천둥이 치고
낙뢰로 그을린 가슴

눈물 콧물
모두 토해낸
가슴 한편에

영원히
주저앉은
화두랍니다

지아비 부(夫)

갑자기
지아비 부(夫) 자가
하늘을 찌른다는 말이 생각나네요
당신
왜 그리 하늘처럼 높아 보이던지요
왜 그리 왕처럼 근엄해 보이던지요
입가에
함박웃음 머금게 하는
마술사도 되었다가
너무 과묵해
내 마음에
돌덩이도 던졌다가

덧난 상처

호시탐탐
먹이를 탐하는
이리 떼의 습성 그대로
철저하게 유린당한 날들
가슴앓이 된 생채기가
덧나기를 기다렸다는 듯
눈물의 장탄식이었네요
한마디 귀띔도 없이
속절없이 침범해온 병마에
자유를 구속당하고
삶은 또 한차례
지울 수 없는 흉터를 남기네요

3부

•

섬진강 맑은 물

잔설을 병풍 삼은
섬진강 맑은 물에

시퍼런 속내
헹구고 말리니

촉촉이 젖은 꽃봉오리
단물이 올라 싱긋벙긋

볼우물에
가득 실은 꽃향기

햇살 머금은 강둑에도
희망이 소곤소곤

입춘

봄을 맞이하는
내 마음의 뜰 한가운데
솔향기 풀풀 거리니

희망 담아 발돋움하는
늘 푸른
사랑을 잉태하고

비원

- 황진이

연륜을 비껴가는
고매한 시어에
존경과 흠모로
배움을 비원하니

사념의 향기
시공을 초월하고
청아한 까치 울음
그칠 날 없구나

은근한 시구(詩句)에
요동치는 가슴
달랠 길 없어
귓불까지 붉어지네

물멀미

삼면이 탁 트인
진동 바다
몽환의 물결

금은빛 구름 속
경이로운 붉은 노을
비췻빛 황홀경

뻥 뚫린 체증
검푸른 바닷물에
투시된 환영

학 닮은 사랑

학이 천년을 사는 이유
욕심내지 않고
소식(小食)하는 까닭

학의 삶에
내 사랑 비유하는
삭풍 전야의 밤

기다림의 시간
욕심내지 않고
비워야 하는 마음

인동초 같은
끈기와 인내
허기진 혹독한 밤

동백꽃

기다림에 지쳐
송이째 추락하는 절개

애끓는 연정에
붉은 피 쏟아내고

달그림자 벗 삼아
임 그리는 애달픔

밤의 길손

뉘엿뉘엿
거북걸음 재촉하던
노을은 사그라지고
말똥한 눈동자
밤새도록 어른어른
그리움이란
대책 없는 주술인가 보다

동행
- 부처님

가슴에 새겨둔 진솔한 느낌으로
다 말하지 못한 말이 있습니다.
잠 깨어 하루 종일 갑갑증이
진정으로 사랑하나 봅니다
기도하는 마음 담아 사모하기에
동행은 나의 기쁨입니다

지장보살

예리한 눈동자
낮은 첼로 음
두툼한 입술

서릿발 같은
범상함이
지각(知覺)을 흔들고

둥지 튼 임의 환청
까막까막
상사의 밤이 깊어

꽃꽃이 된 전신
촉촉이 젖어
꽃봉오리 활짝 피었다

휘청거리는 오후

봄바람 살랑살랑 내 마음 흔들면
일렁이는 물결 정처 없이 흘러가네

뒤늦게 알게 된 당신의 진실
가슴에 알 수 없는 회오리바람

날카로운 가시로 당신을 시해할 때
왜 비명 한번 지르지 않았습니까?

멍든 가슴 움켜쥔 채 가시는 길
얼마나 힘들고 괴로웠습니까?

머물 곳 없어 휘청거리는 오후
저 구름 타고 가 당신 만나면

그동안 쌓인 회포 풀고
환히 미소 짓는 당신을 보고 싶습니다

한여름에

작열하는 햇볕 아래
자유롭게 비행하는 잠자리 따라
상상의 나래를 펼칩니다
진실에 반비례하는 삶의 모순
허상만 그려지고
마음속 나침반을 그려주던
유일한 삶의 희망
안개 자욱한 미로 헤매니
평정을 잃은 가파른 한숨 소리
여린 새싹같이 해맑던 얼굴에
퇴색한 머리카락 잔주름 새겨 놓아
천사 같던 마음에 분노만 쌓여
풋풋했던 그 시절 잊지 못해
검은 눈동자 붉게 충혈되어 갑니다
모순과 허상의 실체를 더듬어보지만
가슴속 응어리는 자꾸 커집니다

흐르는 시간 속에

빠른 물살로 휩쓸려 가는 시간
서산마루에 걸친 해
종적을 감추면
밀물처럼 밀려오는 서글픔

어느새 사색에 젖어 들면
보름달처럼 그려지는
함지박만 한 그리움

삶에 깊숙이 뿌리내려
알알이 여물어 가는 기다림
희망의 나래 펼쳐
잔재를 떨쳐냅니다

허수아비

불타는 노을 아래
외로운 춤
소나무 닮은 절개
임 향한 일편단심
날개 없어 서러운 맘
잠자리와 참새는 부러운 동무
날고 싶어 팔 흔드는
가엾은 허수아비
외로움 쫓는
한 많은 살풀이춤
어둠이 오니 춤사위 멈추고
홀로 울다 지쳤구나

길 언저리에 묻어둔 그리움

가을은 저 홀로
타는 가슴 부여잡고
주체하지 못한 가슴앓이
얼마나 태웠으면
한 줌 재가 되어
어둠 속 헤맬까?
심연에 끓어오르는 진실
눈시울 적신다
쌓아도 쌓아도
무너지는 모래성
차라리 길 언저리에
널 묻어 버렸다

꿈자리

큐피드의 화살
그대의 심장을 관통하고
비몽사몽 겹쳐진 주파수
불꽃 튀기는 대혈전

하늘을 날 것 같은 쾌감에
촉촉이 젖어드는 사념
날마다 황홀감에 취한 교감신경
그건 정신적인 합체의 결실

화신(火神)

거대한 파고에
표류하는 삶
한숨으로
메아리 된 환청

콕콕 쪼아
또렷이 각인된 화신
이글거리는
환각제 선사하는
당신은 누구신가요?

안갯속에 피어난
뚜렷한 잔영
쿵쾅거리는 심장에
앙가슴이 미어집니다

자유를 꿈꾸는 새

세상사 탐욕으로 채워지고
자아도 욕망으로 가득 차
모든 것 비워야 했거늘
내면의 의지와 상관없이
오욕의 늪에서 발버둥 쳐야 했다
삶은 고뇌와 번민의 연속이라지만
태어나 주어진 배역을
얼마나 소화시켰을까?
주어진 시간만큼 채우려 했지만
부질없는 탐욕이라면 버려야겠지
삶의 멍에로
풀기 어려운 매듭일지언정
자유를 꿈꾸는 새가 되리라

망자의 넋

망자는 활활 타는
불구덩이 속에 누웠습니다
한 시간 반,
인생의 마침표를 찍고는
한 줌 재가 되었습니다
눈물이 하염없이 볼을 타고
육신이 분쇄된 순간
격렬한 오열을 참을 수가 없어
상주보다 더 많이 울었습니다
삶의 회한 끝없이 밀물 되었습니다
주어진 인생길만 달리다
병마에 힘없이 주저앉은 삶
한 줌 재가 된 육신
영혼이 있다면 어느 곳으로 가셨을까
차디찬 옥 항아리에 담긴 혼백
납골당 바닥에 앉아 명복을 빌었습니다

백의관음

금빛 은빛 출렁임에
포옹하고 싶어
참느라 오금이 저렸습니다.
순수함이 넘실거리고
솔직 담백함이 듬뿍 묻어나
진정으로 은혜(恩惠) 합니다.
백일기도 담은 정성
보이지 않는 애정에
글썽임을 몰래 훔쳤습니다.
행복하고 벅찬 기쁨에
안기고 싶어 안절부절
당신은 모르셨겠지요?
로즈메리 꽃향기에
홍청홍청
세상을 다 얻었습니다

기도

햇살이 비켜가는 길목
유채꽃 닮은 그리움이
콧잔등을 시큰거리게 하고

붉은 햇무리 가득한
서산마루
발끈 치솟은 열정

해거름에 날던 철새들
정처 불명의 비행기
거침없이 그린 환상적 풍경

밤하늘 길성 비춰 달라
애오라지 소원 담아
한껏 풀어놓은 사념의 끄덩이

4부

홍시

잠 깨워 비바람 소리 빗소리를 듣는다
이미 가버린 추억은 늘 허기져 너덜거리고
저 빗소리는 허기에 리듬까지 곁들인다
시간은 형상이 없고
마음도 형상이 없는데,
내 머릿속을 투닥거리던 기억은
고스란히 우물물처럼 채워진다
퍼내도 퍼내도 마르지 않고
또 채워지니 섬찟하다
그 무엇이 붉게 채색되었는지
하얗게 빛바래지길 염원한다
가을비에 젖어 빛바래져 가는 낙엽들
한가위 보름달은 어김없이 또 배가 불러온다
익어가던 홍시가 빗속에 툭 떨어지겠네

백중

천신(薦新)*을 드리지 않아도
세월은 진리처럼
일용할 양식을 제공한다
일체의 번뇌와 무관한 상태로
탱탱하게 익은 곡식과 과일들
한 해의 결실을 풍성하게 수확하니
부자가 부럽지 않다
곧이어 하늬바람에 오스스,
꽃잎과 나뭇잎을 떨어뜨리며
낙엽이 새 떼처럼 허공에 휘날려도
시간의 위수령은 계절의 뚜렷함을
온 천하에 발포하겠지

*천신: 철 따라 새로 난 과실이나 농산물을 먼저 신위(神位)에 올리는 일.

추억

비바람이 내 마음에
추억 능선을 펼쳐 놓고
비의 호곡장 밤하늘은
그리움의 날개를 펼치라니
내 눈썹 닮은 예쁜 얼굴이 생각나
밤새워 무수히 너 얼굴만 그렸다
태양은 서서히 그림자를 매어 주고
튼실한 나뭇가지에 앉은
바닷새들의 노랫소리 우렁차다

송정 바다

그윽한 솔향기 맡은 보헤미안,
상큼한 희열의 넋을 빼앗아간
바람이 못내 그립다
보고픔은 바람 바퀴를 굴리며
추억 물레만 끝 간데없이 잣는데
갈매기만 오락가락 무심히
손짓하는 그 바닷가

바람의 편지

우리네 삶은
색깔 있는 사연들이 쌓여
소리 없이 퇴색해 가는
나뭇잎을 닮아가겠지요?
매미 울음이 점차
목소리를 높여가니
또 더위와 싸워야 할
시간이 다가오네요
무심한 시간은
우리를 기다려주지 않기에
계절의 순환으로
이별의 둑을 쌓습니다
까치 소리가 속잠을 깨웁니다
얼른 일어나 편지를 읽어 달라고

자존심

비가 자존심을 곧추세운다
약하게 흐느끼다가
다시 강하게 때린다
어디선가 빗줄기에
꽃대궁 쓰러지는 소리가 들린다
얼른 일어나 자존심을 되찾으렴
이깟 비에 쓰러지면
강한 태풍 비엔 어이 견디리
한세상 제 몫의 삶은 살다 가야지

장맛비

수초처럼 일렁이는 비 내음
시간의 편린들이
손사래 친다
배배 꼬인 마음 길에
디딤돌이 된
시간의 흐름
매 순간
채찍질은 장맛비 되어
맨드라미처럼
빨갛다

백운계곡

안갯속 아득히
호기심을 자극하는 에움길 따라
들려오는 세찬 물소리
산중에서 들려오는 소리는
오롯한 물소리와 골바람 소리뿐
산자락에는 산빛 물빛, 온통 밤나무와
이름 모를 나뭇잎이 파닥인다
계곡 군데군데 소(沼)를 만들어
폭포를 이룬 계곡물에
홀연 뛰어들고 싶은 묘한 이끌림
급물살 피한 곳에 가만히 다가가
허리춤까지 치마를 올려 속살을 드러냈다
순간, 시원함과 짜릿함이 온몸을 훑는다
실로 얼마 만의 전율인가?

해국

바다가 보고 싶어
한달음에 달려간 영길만
황포돛배의 시비에선
이미자의 황포돛대가 출렁인다
늘 그 자리에서 같은 음성의 노래지만
비가 내리면 목소리가 비 내음에 젖고
노을 꽃이 활짝 피었을 땐
하늘 가득 뭉게구름처럼 피어난다
작은 파고에 쏠림이 적은 파도가
모락모락 타오르는 모닥불 같다
어디선가 갯바람에 실려
코끝을 자극하는 향기
고 작고 노란 몸집에서
향기로운 향기가 진동한다
얼마나 기다림에 사무쳤으면
갯바람에 향기를 발산해서
가만히 다가서게 했을까
기다림의 큰 울림이다

마른 꽃

폭우가 그치고
맑은 햇살 부채를 펼친다
마치 주홍 글씨를 가슴에 새긴 양
새파랗게 드높은 하늘을
제대로 바라볼 수조차 없다
손차양을 했다
혼몽에 회초리를 맞았다
마른 꽃에도 물기 머금기를 바랐다
아둔한 생각이 득돌같았으면 좋겠다
공허함이 몰려온다
조율되지 않는
마음 바퀴가 헛돌고 있다

파도

파도는 존재 그 자체로
갯바위에 몸을 부딪쳐 가며
끝없이 몸부림을 치는데
나는 행복을 들먹이며 얼마나 많은
몸부림을 쳤었나?
잔잔한 파문에는 잔잔한 몸부림을
거센 파문에는 거센 저항의 몸부림을,
일생이 세상이란 바위에 부딪히며
살아가는 것 같다

밤비

추적추적 겨울 빗속에
외로움이 찾아들었다
낮은 첼로 음의 빗소리는
공허한 마음 밭에
곡괭이를 들이민다
한쪽 가슴은
갓 태어난 아기 사슴처럼
예쁜 이야기만 해달라 칭얼대고,
내리 퍼붓는 빗줄기는
혹독한 비바람을 동반하며
또 다른 가슴에다
달콤한 밀어를 속삭여라
지청구를 해댄다
이미 벌집같이 쑤셔 놓은 내 마음은
빗속에 방황하는데
시간은 타드랑거리며
속절없이 깊어 간다

가을비

안개처럼 비가 내린다
볼품없이 사그라진 구절초 이파리
한껏 멋내기 하는 코스모스
가뭄에 목말라
쩍쩍 갈라진 저수지 바닥에
가을비야! 퍼부어라
부르다 지쳐 목쉰 울대에
피멍이 들어도 좋단다
지천에 만산홍엽이 된
산천을 유랑하게
비야 원 없이 내려다오

사랑은 은유다

사랑은 직유가 아니라 은유다
이외수 시인의 말입니다
차마 말로는 다 뱉지 못해도
그 사람의 눈빛과 말
평소에 하지 않던 행동에
조금만 관심을 두면
밤하늘 닻별처럼
마음 창은 눈부실 것입니다
마음을 다해 관심을 채우면
그게 사랑이고 우정입니다
그리움을 매달고
하늘 향해 치솟아 있는 솟대처럼
희망에 찬 밑그림을 그리며
한곳을 향해
꽃발꽃발 나아갈 때
기다림의 꽃은
소담스레 피어날 것입니다

그대란 배를 띄웁니다
-시

그대에게 모든 것을 걸려고 했어요
그대가 바다였고 햇살과 공기였지요
고귀한 사랑을 예전엔 미처 몰랐어요
바다는 늘 출렁이며 존재를 알리지만
그대는 늘 내 안에서만 출렁이길
원했었지요!
그게 내 욕심이었어요
있는 그대로의 그대를 원했어야 했어요
이제 작침(鵲枕)*이 되었던
그대란 배를 띄웁니다

*작침: 까치 베개. 까치가 집을 지을 때 풀이나 나뭇가지 사이에 집어넣는 작은 돌. 그 돌을 품어 가지고 다니면 내가 사랑하는 사람이 나를 사랑하게 된다고 한다.

말복

종일 시원한 바람이다
폭염에 찌들었던 심신이
저 새파란 하늘에
새처럼 마음껏 날고 싶어
푸두둥 푸두둥
그 어떤 형상에도 끄달리지 않고
자연에 순응하고 싶다

교정의 배롱꽃

승학산 자락
건국고등학교 운동장에
아들의 환영이 서렸다

비를 몰고 오는 샛바람에
이름 모를 나뭇가지가 출렁인다
솟대 같은 배롱나무에도
열정의 불꽃이 치솟는다

한 송이 작은 꽃이 떨어지면
곁에서 다른 꽃송이가 입을 열고
승학산 매미 울음과 경합하며
이야기 꽃을 피운다

학생들 눈길에서 배롱꽃이 작별하면
교정의 그해 여름은
기억 속으로 사라지리라

은하사 풍경 소리

은하사 입구를 내달리던 바람이
풍경 소리를 통해
선연한 모습을 드러낸다
맑고 청량한 기운이
몽롱한 정신을 깨우고
구름 사이마다 적막을 머금었다
산새 소리가 산사를 울리며 앞장선다
장작불에 곁불 쬐듯 잠깐 신세 졌던
햇빛에서 깨어나
바람이 수런거리는 소리를 듣는다
신어산 골짜기 어디쯤에서
은밀하게 내려온 바람에 옷깃을 여민다
바람의 목소리에도 슬픔이 묻었다

봄의 물결

희로애락의 뒤엉킴 속에서도
휘둘림을 내려놓고 자아를 찾는 시간

꽃들과 새들의 노랫소리 들으며
존재의 희망을 가진다

봄빛 한줄기 오롯하게
제 갈 길을 찾는다

여기저기 봄의 물결이 출렁인다
경계에 선 꽃 그림자가 길어진다

목마름

한 뼘 더 자라난
그리움이다

환하게 들이마신 놀빛에
회향은 목마름으로 남아

찰나에 흩어지는
바람의 이야기를 듣는다

울렁거리는 아픔이다

나팔꽃

윤주희

뜰 앞 작은 정원수를 따라
보금자리 꾸몄던 그녀는
비 내리던 어느 날
가슴 가득 순백의 꿈을 안고
작은 소망을 활짝 터트렸습니다
마지막 여름의 따가운 눈빛을
소박한 가슴으로 용해하며
마치 웨딩드레스 입은 새 신부처럼
다소곳이 얼굴 붉히니
진주보다 고운 아침이슬이 또르르
깜찍한 재롱을 피웁니다

2022

목련

윤주희

하얀 목련꽃 활짝 피어
몽환적이다
샛바람의 목소리에 울음이 묻었다
밤새 약탈당한 초라한 몸짓에
주름진 허기가 꿈틀거린다

마치 허공에 걸린 그림 같았는데
마음의 결이 곤두서며
서둑발이 내린다
익숙한 것들과의 이별은 애달프다

기억의 뜨락에는
하얀 목련꽃처럼 애절한 사랑이
꽃봉오리처럼 부풀고 있다
기억은 시간이 흐르며 사라질
그 어떤 흔적을 남길까?

계절의 행간을 읽는다

윤주희

담쟁이가 갓맑은 초록빛으로
희붐한 새벽 고요를 흔들더니
가을에 접어들자
욕망과 집착을 내려놓고
새털처럼 가벼운 소멸을 꿈꾸란다
어둠살이 모여 화려하게 피었던
가시연꽃도 헛헛함을 부축긴다
해를 품던 해바라기가
푹 꼬꾸라지고
들꽃들은 속울음을 들켰다
저만치 가을 전령들이
뒤꿈치를 한껏 치켜든다
시간의 흐름을 외면하고 싶다
계절마다 독특한 희망을 품었기에
자유로운 영혼을 갈망한다
세월의 속도는 가차없다

삼월의 비

윤주희

삼월의 비가 흐르니

봄비 내리는 소리에
새싹들이 곰실곰실
빗방울의 속삭임을 듣는다

나목엔 꽃눈이 맺혔다
자연 생명의 물을 들이키며
제 그림자를 계속 새긴다

빗소리에 적막이 흩어지니
압각화가 된 이별이 선명하다
기억하기 싫은 삼월이다

아프면 아픈 대로
그리우면 그리운 대로 놓아두련다
산란의 빗소리가 멈추었다

하심

윤주희

아스라이
새벽을 부르는데
홀연 목탁 소리 울린다
문득 깨달음 하나!
살면서 느닷없이
불어닥치는 불행도
가까이 맞아들여
삶을 비관하지 않고
운명을 저주하지 않으며
내 탓으로 돌린다면
피안의 길은
멀지 않으리라

목숨인들 무엇이 아까우리

윤주희

날마다 날 죽여 만생을 얻는 삶
조건 없이 다 줄 수 있을 것 같은데
삶의 중심을 어디다 두어야 하는지?
영원한 사랑이 없듯 영원한 삶도 없겠지
벼가 익으면 고개 숙이고
열매도 익으면 저절로 떨어지듯
우리네 삶도
언젠가 그 명이 다하겠지
그래!
하루 하루 날 죽여
새로운 삶의 지렛대가 된다면
목숨인들 무엇이 아까우리

이슬처럼 사라진 연정 서럽고 애처로워
일편단심 애끊이며 상사곡 읊조리나고
진세월에 간장단심 연의 넋두리 일이여
구박마오 철부화용 아니지만 천박하진
않구려 화통난양 벗하니 금사화 부럽지
않나오

울주희 시인의 할미꽃 보은울재기 쓰다

흰머리 빗어 넘긴 이마엔 검버섯이 세월 테를
새기고 말굽 같은 손등에 주름이 자글거려도
언제나 내 가슴엔 꽃보다 아름다운 당신이랍
니다

윤숙희 시 어머니 묘운 윤재기

[illegible]

기쁘고 행복할 때마다
우리는 희망 속에
사는 거야

윤주희 詩 [illegible]
장유석